Brunhilde Ludewig

Gebete für schwere Stunden

francke

Über die Autorin:
Brunhilde Ludewig war als Verwaltungsangestellte, klinische Laborantin und Arzthelferin tätig.
In einer Krebsklinik begleitete sie ehrenamtlich seelsorgerlich Kranke und Sterbende.

Bibliografische Information Der Deutschen Bibliothek
Die Deutsche Bibliothek verzeichnet diese Publikation in der Deutschen Nationalbibliografie;
detaillierte bibliografische Daten sind im Internet über http://dnb.ddb.de abrufbar.

2. Auflage 2013
ISBN 978-3-86827-199-7

35037 Marburg an der Lahn
Umschlaggestaltung: www.vogelsangdesign.de
Satz: Verlag der Francke-Buchhandlung GmbH
Druck und Bindung: CPI Moravia Books, Korneuburg

www.francke-buch.de

Inhaltsverzeichnis

Trostgebete 7
Behütet 11
Krankengebete 13
Neuen Mut 15
Trost 16
Gebet für Erblindete 17
Morgengebete 19
Abendgebete 21
Bittgebete 24
Wenn uns Unrecht geschieht 26
Vergib, leg weg! 28
Herr, mein Gott 29
Wenn Sorgen uns drücken 30
Ewig getröstet 33
In Gottes Vaterhände 34
Vertrau dem großen Gott 35
Der Trübsalsbecher Jesu 36
Einkehrgebete 37
Vergänglich 39
Ewig ist Gott 40

Gebete in der Trauer ... 42
Zum ewigen Licht ... 43
Du müde Seele singe ... 44
Ich danke dir ... 45
Anbetung ... 46
Du bist der Herr über alles ... 49
Dankgebete ... 50
Die Welt verteilt nur Lasten ... 54
In seiner Hand ... 55
Veränderlich ... 56

Zwiegespräch mit Gott
In Zeiten der Krankheit ... 57
Vor einer Operation ... 60
Nach einer Operation ... 63
Jesus, deine Marterstunden ... 65
Ein bisschen trösten ... 66
Herausgerufen ... 67
Bei Schmerzen ... 68
Beten ... 71
In langer schwerer Krankheit ... 72
Das Verwesliche wird Unverwesliches anziehen ... 74

Zitate für schwere Tage ... 75
Ausblick ... 80

Trostbedürftigen und
Leidenden von Herzen
gewidmet

Fass neu die Hände

Komm mein Herz, fass neu die Hände
des Herrn, der aller Lasten Herr,
er wird dich führen bis ans Ende,
durch Wüstensand und durch das Meer.

Trostgebete

Herr, Gott, du bist meine Zuflucht in den Tagen der Not;
du umgibst mich von allen Seiten,
wenn ich deine Nähe auch nicht fühle.
Du bist der gute, treue Hirte, der sein Schäflein nicht verlässt.
Du hast gesagt: „Kommet her zu mir alle, die ihr mühselig und beladen seid, ich will euch erquicken!“

Herr, du bist mein Seelsorger.
Du verstehst mich,
wie mich kein Mensch versteht.
Du kennst das Bangen und Fragen des Herzens.
Du fühlst allen Schmerz!
Du bist meine Hilfe und mein Trost.

Herr, du bist der Regent meines Lebens.
Nichts kommt an mich heran,
was nicht zuvor dein wachendes Auge
geprüft hat.
Du gibst dem Dasein einen Sinn.
Selbst die schweren Stunden entspringen
deinem Liebesplan.
Du bist meine Quelle, die mich labt.
Du bist der Felsengrund meines Glaubens,
auf dem ich stehe.

Du bist meine Sonne, die mir leuchtet.
Du bist meine Hoffnung, die mich
erquickt.
Du bist der Weggefährte, der mich nicht
verlässt.
Du bist mein Führer, dir will ich
vertrauen.
Du bist mein Wohltäter, dir will ich
danken.
Du bist mein Erzieher, mein Vorbild, auf
dich will ich schauen.
Du bist meines Weges Ziel.
Du bist das ewige Leben.

Herr, du gibst dem Müden Kraft und dem Unvermögenden Stärke.
Den glimmenden Docht wirst du nicht auslöschen und das zerstoßene Rohr wirst du nicht zerbrechen.

Du bist der barmherzige Samariter.
Du sammelst die Tränen deiner Kinder.
Du salbst das zerbrochene Herz mit deinem Balsam und schenkst Zuversicht und neuen Mut.
Du trocknest die Tränen und erfüllst die Seele mit Freude.
Deine Barmherzigkeit ist groß und währet ewiglich.

Herr, deine mächtige Hand zerbricht das Schloss jeder Schwierigkeit,
wenn die Zeit dazu reif ist nach deinem Plan.
Du schaffst der Ausweglosigkeit neue Wege.
Du kannst die Menschenherzen lenken.
Du verteidigst und rechtfertigst die

Unschuldigen, auch wenn sie auf dieser Welt oft Unrecht leiden.
Du bringst Licht in das Dunkel.
Du tröstest durch deine Hilfe!
Du öffnest verschlossene Türen.
Wenn du einem kleinen Menschen einen Auftrag gibst, dann ebnest du auch dafür die Wege.
Du machst diese begehbar, selbst wenn sie schwierig und holprig sind.
Ich lobe deine Größe, denn dir ist nichts unmöglich!

Behütet

In deinen Händen
liegt meine Zeit,
bei dir wird enden
Vergänglichkeit.

In deinen Händen
ruht mein Geschick,
du kannst es wenden
im Augenblick.

Vor deinen Augen
wird offenbar,
ob rein der Glaube
und's Herze war.

Schrecket mich Kummer,
bist du mir nah,
lieg' ich im Schlummer,
hüt'st mich auch da.

Aus deinen Händen
fließt Gnad' um Gnad',
sie wird nie enden,
geht über's Grab.

Zu deinem Herzen
fliehe ich hin,
wenn Hoffnungskerzen
am Löschen sind.

Du bist mein Leben
du bist mein Gott.
Dir will ich geben
Ehr', Preis und Lob.

Krankengebete

Mein Gott, mein Vater,
der du Himmel und Erde erschufst
und auch meinen Körper gebildet hast,
erbarme dich meiner!
Du kennst alles Gesunde und Kranke in mir.
Es ist für dich eine Kleinigkeit, mich zu heilen!

Deine Weisheit ist groß, unendlich groß.
Segne die Ärzte und ihre Behandlung.
Segne die Medikamente,
damit sie mir Linderung und Heilung bringen.

Habe Dank, Herr Jesus, dass du nicht nur
für meine Sünden gestorben bist,
sondern auch für meine Krankheit
und dass dein heiliges Blut Heilkraft für
Leib, Seele und Geist in sich birgt.
Erbarme dich meiner!

Ich will dich gläubig im Geiste bitten:
Träufle mir nur einen Tropfen deines vergossenen Blutes auf mein krankes Organ,
auf meine Beschwerden und Gebrechen,
damit meine Gesundheit wieder zurückkehrt.
Herr, ich fühle mich so elend und traurig.
Komme in mein Herz,
tröste und stärke mich!

Du sollst mein Freund sein!
Erfülle mich mit deiner Gegenwart!
Ich bin so erleichtert, wenn ich daran denke, dass ich gar nicht allein bin in meinem Elend.
Du bist ja bei mir.
Du weißt, wie ich leiden muss.
Du verstehst mich, weil du selbst einst unsagbar schwer am Kreuz gelitten hast.

Du bist ein Bruder aller Leidenden.
Du bist getreu! Habe Dank dafür.
Herr, ich leide Schmerzen.
Erbarme dich meiner und schenke mir
um deines wunderbaren Namens willen
Linderung.
Ich bitte dich im einfältigen Glauben
darum.
Bei dir bin ich geborgen.

Neuen Mut

Das gibt im Leid dir Freude,
viel Trost und neuen Mut,
das Wissen, dass dein Heute
in Gottes Händen ruht.

Das Wissen, dass dein Morgen
von Gott wird treu gelenkt,
lässt fliehen deine Sorgen
und was dein Herz beengt.

Trost

Dort, wo der Kleine, Schwache
den Pfad gar nicht mehr sieht,
dort, o mein Herr, entfache
dein Licht, dass man es sieht.

In dunklen, schweren Stunden,
da keine Lösung war,
da hab' ich oft gefunden
die Hilf' des Herrn fürwahr.

Drum will ich nicht verzagen,
wenn manches weglos scheint,
will es aufs Neue wagen,
bis ich mit ihm vereint.

Vom Ziel her sieht das Leben
viel heller, leichter aus,
den Trost hat Gott gegeben:
Es geht zum Vaterhaus.

Gebet für Erblindete

Herr, ich habe mein Augenlicht verloren.
Das ist der schwerste Schlag in meinem Leben.
Nie wieder werde ich auf dieser Erde die blühenden Wiesen sehen,
nie wieder die krausen Wellen des Sees,
die herrlichen Berge,
den grünen Wald,
den tiefblauen Himmel mit den weißen Wolken,
die Menschen, die ich liebe,
den Blumenstrauß in der Vase
und vieles andere.

Herr, statte mich mit der Fähigkeit aus,
die nötigen Geschicklichkeiten für den Alltag zu erlernen.
Schenke mir hilfsbereite Menschen, die die Nächstenliebe in die Tat umsetzen.

Du großer Gott, sei mir nahe.
Heile meine Erschütterung und tiefe Traurigkeit.
Festige mein Gemüt und trockne die

unsichtbaren Tränen meiner Seele.
Verhüte, dass ich am Leben verzweifeln muss.
Lass mich am inneren Menschen sehend werden.
Lass mich auf das Unsichtbare, auf das Ewige schauen und den Weg dahin mit dir leben,
denn du bist der Weg, Herr Jesus.
Ich ergreife deine starke Hand.
Führe mich durch die Dunkelheit und Trübsal dieses Lebens.

Lehre mich, wieder die kleinen Freuden dieses Lebens zu empfinden und genießen, die ich dankbar aus deiner Hand nehme.

Morgengebete

Herr, habe Dank für den neuen Tag.
Dein sei mein Tagewerk!
Gehe mit mir durch den Tag und hilf mir.

In allen Dingen
gib dein Gelingen,
gib deinen Segen
auf allen Wegen!

Herr, ich lege alles in deine Hände:
alle Schwierigkeiten und Probleme,
alle Mühen und allen Kummer,
alles Gute und Schwere,
alles, was auf mich wartet.
Sorge du für mich!
Führe und leite mich mit deiner Gnade
und Barmherzigkeit!

Herr, wenn ich auch gar nichts oder nur
wenig tun kann an diesem neuen Tag,
weil ich krank bin, dann schenke mir
deine Geduld und Tragkraft für den
ganzen Tag.
Bewahre mich vor Verbitterung!
Trage mich hindurch und sei mein Helfer!

Herr, segne mich heute.
Lass mich zum Segen für andere werden,
damit dein Name gepriesen werde!
Schenke mir die nötige Kraft,
die nötige Liebe für alle Aufgaben an
diesem neuen Tag!
Teile mir von deiner Weisheit mit,
damit ich dein kluger Jünger, deine kluge
Magd werde!
Bewahre mich vor Sünde und beschirme
mich in Gefahren.
Dein sei der Tag!

Abendgebete

Herr, ich danke dir für deine Bewahrung
und Führung am heutigen Tag.
Ich danke dir für alles Gelingen,
für alle Kraft, die du mir geschenkt hast.
Erfolg, den ich ernten durfte, habe ich
nicht verdient,
aber deine Gnade hat ihn mir zugeteilt!
Dein sei die Frucht!

Herr, ich lege aber auch allen Misserfolg,
alles Enttäuschende und Traurige,
alle Sorgen und Nöte
in deine segnenden Hände.
Ich bitte dich,
mach du daraus das Beste!
Ich vertraue dir,
wenn ich deine Wegführung auch oftmals
nicht verstehen kann.

Herr, ich stelle meine Kinder,
meine Angehörigen,
meine Verwandten,
meine Mitbewohner,
meine Freunde und mich
mit Leib, Seele und Geist unter deinen Schutz.

Bewahre uns alle vor Schaden, du großer Gott.
Neige dich zu uns und lass uns alle im Frieden schlafen.
Schenke uns eine gute Nacht und neue Kräfte für den kommenden Tag.

Herr, verzeihe mir,
wenn ich nicht recht handelte,
wenn meine Geduld riss,
wenn mir Liebe fehlte,
wenn ich versäumte, Gutes zu tun,
wenn ich einem Traurigen Trost schuldig blieb,

wenn ich verzagt und mein Glaube schwach war,
wenn ich kleinmütig von deiner Hilfe dachte,
wenn ich dich in der Hetze des Tages vergaß,
wenn ich deine Gegenwart nicht beachtete,
wenn ich eigene Wege ging, anstatt auf deinen Wink zu achten,
wenn ich mein Ohr deinem Ruf verschloss.
Herr, decke alles mit deinem kostbaren Blut zu,
wasche mich rein, schenke mir Gnade,
dass ich dir in Zukunft besser nachfolgen kann,
dass ich dich nicht mehr betrübe.
Dein sei die Nacht!

Gelobet seist du Herr, mein Gott,
weil du durch alle Erdennot
die Herzen reifen lässt
und hältst sie liebend fest.

Bittgebete

Herr, dir ist alle Macht gegeben.
Schließe die Türen auf,
lenke die Herzen
und führe meine Sache gnädiglich hinaus.
Ich will dir vertrauen.
Erhöre mein Gebet!
Du hast gesagt:
„Bittet, so wird euch gegeben,
suchet, so werdet ihr finden,
klopfet an, so wird euch aufgetan."
Ich will nicht zweifeln,
sondern an deine Hilfe glauben.
Herr, hilf meinem Kleinglauben!

„Ich bin das Licht der Welt";
so sprachst du, Heiland, einst,
erquickend wird erhellt,
in wessen Herz du scheinst.

Herr, siehe in meinem Leben steigt eine
dunkle Wolke voller Schwierigkeiten auf.
Schenke mir deine Weisheit,
damit ich im richtigen Moment richtig
handle!
Ich stelle alles unter deine Regie und will
deinem Wink folgen.
Öffne mir die inneren Augen und Ohren,
damit ich deine Stimme höre
und deinen Willen erkennen kann!
Die Arbeit türmt sich vor mir auf
und meine Kraft ist gering,
stärke mich durch deine Gnade,
lenke meinen Blick auf dich!

Jeder schwere Weg
ist nur gut gemeint,
denn der Dornensteg
uns mit Gott vereint.

Wenn uns Unrecht geschieht

Herr, ich bitte dich,
schenke mir ein bisschen von deiner
Lammesgeduld,
von deiner Liebe,
damit ich die schwierigen Menschen,
die du mir so oft in den Weg führst,
ertragen kann.
Überwinde du ihre Herzen
und erneuere ihren Sinn!
Entschärfe ihre Lügen;
vereitle ihre Intrigen und Schikanen!

Lass mich ihnen zum Vorbild werden,
damit sie sehen und erkennen,
wie man leben und handeln soll.
Herr, erbarme dich meiner
und schenke mir immer wieder einen
Neu-Anfang durch tägliches Vergeben,
trotz allem immer neue Feindesliebe,
die du uns vorgelebt hast.
Lass mich nicht verzagen.

Gieße Balsam in meine gequälte Seele und
verhindere jede Bitterkeit.
Lösche diese schon beim Keimen aus,

trage mich durch,
damit der Leidensdruck erleichtert wird!
Bewahre mich vor Verzweiflung!
Baue durch deine Gegenwart
eine Pufferzone auf zwischen den anderen
und mir!

Bewahre mich davor,
dass ich ein Sklave böser Menschen werde.
Schütze mich vor diesen Menschen
und lass mich dazu beitragen,
dass Hass auf dieser Erde durch deine
Gnade in Liebe umgewandelt wird. Halte
deine Hand über mir
und lass nicht zu,
dass mir andere wirklichen Schaden
zufügen,
weder seelisch noch wirtschaftlich.
Lass nicht zu, dass ich daran zerbreche!

Herr Jesus,
du hast selbst am Kreuz qualvoll gelitten
und trotzdem für deine Peiniger gebetet:
„Vater, vergib ihnen,
denn sie wissen nicht, was sie tun.“
Lehre mich dieses Gebet von Herzen zu
sprechen!

Vergib, leg weg!

Vergib, leg weg, was Menschen tun,
vergib, leg weg, lass Wunden ruh'n,
Vergängliches ist kurzes Leid,
Vergängliches ist keine Ewigkeit.

Vergib, leg weg, was dich bedrückt,
vergib, leg weg, lass oft entrückt
dein Herz in Gottes Nähe sein,
lass „Licht von seinem Lichte“ ein!

Vergib, leg weg, schau nicht zurück,
Vergängliches ist kurzes Glück,
Vergängliches ist kurzes Leid,
Vergängliches ist keine Ewigkeit.

Herr, mein Gott

Du bist meines Lebens Leben,
meiner Seele ganze Kraft,
Quelle meines ganzen Gebens,
ich kann nichts,
was du nicht hast zuvor geschafft.

Ich sah Menschen kommen, gehen,
Gutes und viel Unrecht tun,
alle müssen einmal gehen,
niemand bleibt,
trotz Ehre, Reichtum, Macht und Ruhm.

Wer sein Herz nicht vor dir beuget,
deine Gnade hier noch find't,
deinen Namen hier bezeuget,
dem hilft nichts,
er verweht wie der Sand im Wind.

Auf der Erde bald vergessen
alle seine Taten sind,
aber alles wird gemessen,
von dir Herr,
wie wir hier waren, was wir sind.

Wenn Sorgen uns drücken

Herr, erhöre mein Flehen,
stärke meinen Glauben!
Lehre mich bitten nach deinem Willen,
damit du meine Gebete erhören kannst!

Lass mich nicht ungeduldig werden oder verzagen,
wenn ich lange auf die Erhörung warten muss.

Beuge mein Herz,
mache es bereit,
damit ich auch diese Gebetserhörungen
aus deiner Hand zu nehmen lerne,
die sich ganz anders erfüllen,
als ich mir ursprünglich wünschte.

Herr, halte mich demütig,
wenn du mich gesegnet und mir Frucht gegeben hast,
denn ich habe nichts verdient;
es ist nur deine Gnade,

die aus nichts etwas, aus wenig viel macht!
Herr, stärke meinen Glauben,
wenn ich trotz Gebet
keine Erhörung,
keine Frucht,
keinen Weg,
kein Licht sehe.

Lehre mich auf deine Stunde warten,
wenn du des Himmels Fenster öffnest und
meine Gebete wunderbar erhörst.

Herr, meine Lage ist schwierig, ausweglos,
ich sitze in einer Sackgasse,
erbarme dich meiner!
Ich bin verzagt, führe mich heraus.
Mache meinen schmalen, steilen Pfad
begehbar.

Du bist der Weg und die Wahrheit und
das eigentliche Leben.
Du bist mein Wegbereiter,
mein Vorkämpfer,
verlasse mich nicht in meiner Not!

Herr, wende deinen Blick zu mir.
Ich rufe dich an in der Not
und harre auf deine Hilfe!
Ich rufe zu dir und warte auf deinen Segen!

Ich öffne mein inneres Ohr
und will auf deine Stimme hören.
Ich öffne meine inneren Augen
und suche deinen Wink.

Ich stelle meine Füße zum Gehen bereit
und schaue aus nach deiner Führung.

Ich breite mein Herz vor dir aus
und erbitte deine Weisheit.
Ich strecke meine Hände aus nach dir und
suche deine Nähe.
Ich flehe zu dir, Herr,
fülle mich mit deinen ewigen
Segensgütern,
mit deiner Gnade und Liebe.
Ich erhebe mein Haupt zu dir
und harre auf deine Kraft.

Ja, ich spreche mit dem Psalmist:
„Ich hebe meine Augen auf zu den Bergen,
zu den ewigen Bergen Zions,
von welchen mir Hilfe kommt!“

Herr, erhöre mein Gebet und sei mir
allezeit gnädig!

Ewig getröstet

Einst kommt die Stunde
wo keine Trennung
das Herz mehr erschreckt,
wo keine Wunde,
noch Schmerzempfindung
die Seele mehr weckt.

Das sind die Tage,
voll Licht und Wonne,
die ewiglich sind,
fern jeder Plage
leuchtet als Sonne
Gott selbst seinem Kind.

In Gottes Vaterhände

In Gottes Vaterhände,
die hilfreich ausgespannt,
leg ich des Weges Ende,
das mir noch unbekannt.

Wenn Sorgen mich bedrücken,
dann sendet Gott ein Licht,
das zeigt mir gold’ne Brücken:
„Mein Herr verlässt mich nicht.“

Ich kann nicht hilflos werden,
weil ja mein Gott noch lebt,
der Herr der Ewigkeiten
mich immer trägt und pflegt.

Vertrau dem großen Gott

Wenn sich mein Herze grämet
in Sorgen, Leid und Not,
dann bin ich ganz beschämet,
wenn Hilfe kommt von Gott.

Ach, dass ich's endlich lernte,
dass Gott mich nicht vergisst,
wenn ich mich dennoch härmte,
es doch vergeblich ist.

Ach Herz, es nützt nur eines:
Vertrau' dem großen Gott,
dich Menschenkind, dich kleines,
führt er nur aus der Not.

Der Trübsalsbecher Jesu

Die Trübsal ist ein Becher,
woraus der König trank,
einst trank daraus der Schächer
und fand das sel'ge Land.

Nun reichet dir der König
den Kelch zum Nippen dar
und zeiget dir ein wenig
wie schwer sein Leiden war.

Mein Herz, dein Leid ist Würde
und alles, was beschwert,
du trägst des Königs Bürde,
das ist die Trübsal wert.

Einkehrgebete

Herr,
wir haben hier keine bleibende Stätte,
wir sind nur Gäste und Fremdlinge auf dieser Welt,
lass mich allezeit – in Freud und Leid –
daran denken, dass alles Irdische vorübergehend ist.

Lehre mich,
dass ich mich nicht an Vergängliches hänge,
sondern mein Herz mit ewigen Gütern fülle.
Hilf, dass ich durch Enttäuschungen nicht entmutigt werde,
sondern umso mehr
das Unvergängliche suche.

Bewahre mein Herz davor,
dass ich der Ehre dieser Welt nachjage,
sondern lass mich nach deiner Ehre trachten.

Herr, du bist vollkommen und heilig,
unfehlbar,
ich aber bin ein sündiger,
unvollkommener Mensch
in allen Worten, Werken und Gesinnungen.
Du bist der Wahrhaftige.
Ich will deine Wahrheit in mein Herz
schreiben.

Du bist der ewiglich Treue,
das Vorbild jedes Menschen.
Deinen Bund, dein Liebesband
will ich immerdar suchen.
Du adelst jede Freundschaft.

Herr,
du bist eine Quelle in meinem Herzen,
bewahre mich vor Sünde,
damit der Quellzufluss nicht verstopft,
denn du schenkst Frieden und Freude,
wie dies die Welt nicht geben kann.
Bei allem Handeln und Denken und
Reden lehre mich bedenken,
dass auch ich sterben muss,
auf dass ich klug werde.

Zeiten und Menschen,
Freude und Glück,
alles ist veränderlich,
du aber bist der Ewige, Unwandelbare!

Vergänglich

Vergänglich sind die Freuden,
vergänglich Erdensaat,
vergänglich alle Leiden
und Tage schwer und hart.
Vergänglich ist dies Leben,
vergänglich ist die Welt,
vergänglich ist all' Streben,
wenn es nicht innehält
und ewige Belange
bindet ganz still hinein.
Ist Jesus nicht im Gange,
dann bleibt der Mensch allein,
dann ist der Kampf vergeblich,
umsonst ein Leben redlich,
drum lass ihn ins Herz hinein!

Ewig ist Gott

Was gestern noch Blüte war,
ist morgen schon Heu,
was heute noch Freude war,
ist morgen vorbei.
Was heute noch lebend ist,
vielleicht morgen tot,
aber ewig, ewig bist
du Schöpfer, mein Gott.

Was gestern noch Bindung war,
ist morgen entzweit,
was heute noch Trübsal war,
vielleicht bald befreit.
Was heute noch sicher ist,
ist morgen schon Not,
aber Trost und Hoffnung bist
du Schöpfer, mein Gott.

Was gestern Erlebnis war,
ist morgen wie Traum,
was heute scheinglänzend war,
ist morgen nur Schaum.
Was heute noch Zukunft ist,
ist morgen schon fort,
aber ewig, ewig bist
du Schöpfer, mein Gott.

Was heute vergänglich ist,
bleibt morgen besteh'n,
weil zeitlose Ewigkeit
wird nicht mehr vergeh'n.
Wer gläubig und wartend ist,
ist stetig bereit
für das Kommen Jesu Christ,
seine Herrlichkeit.

Gott nimmt und gibt,
Gott lenkt und liebt.

Gebete in der Trauer

Herr,
du hast mir mein Liebstes genommen,
fülle du jetzt mein einsames Herz
mit deiner Gegenwart aus.

Herr,
mein Herz ist schwer und traurig,
fülle mich mit deinem Trost.

Meine Seele ist in Trauer erstarrt,
tröste mich und umfasse meine Seele,
mein Gemüt,
mein Herz,
mein ganzes Sein mit deiner Liebe.
Du bist der Herr über Leben und Tod.
Du bestimmst den Tag und die Stunde,
in der wir Menschen
dieses vergängliche Leben,
diese Erde verlassen müssen.

Nimm dich meiner Seele an,
berühre sie und schenke mir die Gnade,
meinem Erdenleben wieder einen Sinn zu geben,
denn du bist der Sinn,
du bist der Erste und der Letzte in der Ewigkeit.

Zum ewigen Licht

Wie der Schmetterling zum Licht
schwinget seine Flügel,
hält der Tod den Christen nicht
unterm Grabeshügel.

Jesus selbst das Leben ist,
rufet auch die Seinen
hin, wo Licht und Freude ist,
fern von allem Weinen.

Du müde Seele, singe

Du müde Seele, singe
und schwinge dich empor,
trag' alle, alle Dinge,
den Schmerz ans Himmelstor.

Oft kannst du nicht verstehen
die Wege, die Gott führt,
oft bleibst du zweifelnd stehen
und doch wirst du geführt.

Du müde Seele, singe,
vertraue nur dem Herrn,
er leitet alle Dinge
auf unserm Erdenstern.

Es ist ihm nichts verborgen,
was uns schmerzlich bewegt,
wirf alle deine Sorgen
auf Jesus, denn er trägt.

Du müde Seele, fasse,
er führet richtig dich,
er hat dich doch erschaffen,
wie sollt' er irren sich!

Ihr müden Herzen, singet,
der Herr hat viel Geduld,
den rechten Weg ersinnet,
in Liebe er mit Huld.

Ich danke dir

Du großer Gott, ich danke dir,
dass du mich nie vergisst,
du öffnest stets dein Herze mir,
dies meine Zuflucht ist.

Du ew'ger Gott, ich preise dich,
denn deine Treu' ist groß,
du führst und schützest liebreich mich,
sonst wär' ich herrenlos.

Ich wär' ja nur ein Halm im Wind,
o Herr, wär' ich nicht dein,
so darf ich als dein hoffend Kind
in dir geborgen sein.

Anbetung

Ewiger Gott, unser Vater, ich bete dich an!
Wie groß sind deine Werke!
Wie fein hast du den Menschen gebildet
und die Erde und den Himmel erschaffen!

Dein ist das Wasser der Ozeane.
Du gebietest der Ebbe und der Flut.
Dein sind die mächtigen Berge.
Dein sind die Gestirne am Firmament.
Du lenkst den Lauf der Sonne, des
Mondes und der Sterne.
Du lässt grünen und blühen,
die Früchte reifen
und das frische Quellwasser sprudeln.
Du hast den Tag und die Nacht gemacht.

Du bist der Herr der Engel,
dein ist die Zeit und Ewigkeit.
Du bist der Lebendige,
der gerechte, unfehlbare Gott.

Du bist Liebe und Licht,
die Weisheit und das Leben.
Du bist der Unendliche.
Dir sei Preis und Ehre in alle Ewigkeit.

Herr Jesus, du Sohn Gottes,
du Fürst des Friedens und des ewigen Lebens.
Wir loben dich.

Sei gepriesen, du Lamm Gottes,
du Erlöser, du Morgenstern!
Dein Name steht über allen Namen,
die Engelheere und alle Bewohner des Himmels jauchzen dir zu.
Du bist der Erste und der Letzte,
du hast die Schlüssel des Todes und des Totenreiches.
Dir ist alle Gewalt im Himmel und auf Erden gegeben.
Dein ist das Paradies,
dein ist der Sieg über alles Sterbliche und Verwesliche,

du mächtiger Überwinder,
du Heiland der Welt!
Du König aller Könige,
du Herr, aller Herren!
Dir sei Ruhm und Ehre von Ewigkeit zu Ewigkeit.

Herr, mein Gott,
dein Geist voller Segen ist der Geist
des Trostes und der Heiligkeit,
der Weisheit und des Lichtes,
der Liebe und der Keuschheit,
des Friedens und der Freude,
der Geist der Hoffnung und des Glaubens,
der Treue und der Güte,
der Barmherzigkeit und Dankbarkeit,
der Demut und des göttlichen Adels.
Dir sei Lob, Ehre und Dank
zu allen Zeiten
bis in Ewigkeit. Amen.

Du bist der Herr über alles

Herr des Lebens und der Zeiten,
Herr der ew'gen Ewigkeiten,
ich verneig' mich vor dir tief,
der mich einst ins Leben rief.

Herr der Welt und der Geschichte,
Herr von Finsternis, vom Lichte,
ich verbeug' mich ehrfurchtsvoll,
führ' mich wie ich wandeln soll.

Herr der Menschen, ihrer Herzen,
Herr des Leides und der Schmerzen,
Herr der Ausweglosigkeiten,
zahllos deine Möglichkeiten.

Ich bete deine Größe an,
die ich täglich sehen kann
und vertraue deinem Wort,
einem sichern Bergungsort.

Dankgebete

Herr,
ich danke dir für deine Güte und Geduld,
die du mir täglich zuteilst.
Ich preise dich für deine Barmherzigkeit
und Liebe,
die du fortlaufend an mir kundtust.
Dir sei Lob und Dank,
dass du mir jeden Tag den Tisch deckst
mit deinen Gaben
und mich sättigst und nicht hungern lässt.

Herr,
ich danke dir für die nötige Kraft,
dass ich die Herausforderungen
des Alltags bewältigen kann,
dass du mir immer wieder Gelegenheit
gibst, Gutes zu tun
und dass du mir für die Not,
das Leid des Nächsten
stets aufs Neue die Augen öffnest.

Habe Dank,
dass du auch mich dazu gebrauchen willst,
Leidtragende zu trösten,
dass ich Leidende mit deinem Trost,
mit dem du mich aufrichtest,
wiederum erquicken darf.
Herr Jesus, ich rühme deinen Namen,
denn in dir allein ist das Heil!

Ich danke dir,
dass du einst deine Herrlichkeit verließest
und in unsere Tränenwelt kamst,
um uns Menschen zu dienen,
dass du auch für mich Sünder dein
heiliges, fleckenloses Leben geopfert hast,
damit ich dein Eigentum werden konnte
und nicht verloren gehe.
Ich lobe deine Gnade,
die allen deinen Kindern das ewige Leben
schenkt und alle Tage bei uns ist.

Oft musstest du mit mir Umwege gehen,
weil ich den richtigen Weg nicht erkannt hatte.
Erst im Nachhinein sah ich,
wie gut du es mit mir meintest.

Allmächtiger, ewiger Gott,
dir sei Lob und Preis,
dass wir zu dir „Vater“ sagen dürfen.
Ich danke dir für deine treue Fürsorge
in den kleinsten Angelegenheiten des
Erdendaseins.

Ich danke dir,
dass du mich ins Leben riefst,
auch wenn mein Leben oft schwer und
niederdrückend verläuft.
Ich danke dir,
dass du für mein Leben einen Plan
entworfen hast,
sodass ich alles, was auf mich zukommt,
aus deiner Vaterhand annehmen darf.

Dass du mich schon früh gelehrt hast,
nicht auf Menschen zu schauen und zu
bauen,
sondern auf dich allein,
dafür danke ich dir,
denn Menschen brechen ihr Wort,
halten ihr Versprechen nicht,
aber dein Wort steht ewiglich fest,
und du tust, was du versprochen hast.

Du hoher Heiliger Geist,
dir sei Dank für dein Leiten und Führen
in meinem Leben,
für deine mahnende Stimme in meinem
Gewissen,
für dein tröstendes Flüstern in meinem
Herzen,
für alle Erkenntnis,
mit der du meinen Verstand und mein
Herz erleuchtest,
für alle Freude und allen Frieden,
mit dem du meine Seele erfüllst,
für allen Trost,
mit dem du mich erquickst,
für alle Nächstenliebe,
die mein Herz entzündet, für meinen
Glauben, der mir die Nähe Jesu und des
Vaters schenkt.

Die Welt verteilt nur Lasten

Das Herz hat viele Wunden,
die uns das Leben schlug
und suchte manche Stunden
nach einem Balsamkrug.

Die Welt verteilt nur Lasten
und keinen Wundverband,
sie schenket uns kein Rasten,
kein Paradiesesland.

Mein Herz, eil' du zur Quelle,
dort, wo das Leben ist,
wo Licht scheint sonnenhelle
und Liebe nie erlischt.

Herz, kehr' um, komm' wieder heim,
dort ist dein Ruheplatz,
an Gottes Hand allein,
wo dein Herz, da dein Schatz.

In seiner Hand

Wenn tief ich bin gesunken
in Leid und jähen Schmerz,
dann hat der Herr gebunden
mein wandermüdes Herz
auf seine Gnadenflügel,
in seine starke Hand,
an seine Liebeszügel
mit seinem ew'gen Band.

Er trocknet sanft die Tränen,
schenkt Licht und Trost der Seel',
drum brauch' ich mich nicht grämen,
wenn ich mich ihm befehl'.
Auf seinen Gnadenflügeln,
in seiner starken Hand,
an seinen Liebeszügeln
führt er mich in sein Land.

Drückt dich auch schwer manch' Bürde,
bringt dir das Leben Pein,
bedenk', hoch ist die Würde,
ein Leidträger zu sein.

Auf seinen Gnadenflügeln,
in seiner starken Hand,
an seinen Liebeszügeln
führt er dich in sein Land.

Veränderlich

Menschen ändern sich und Zeiten,
auf Menschenwort ist kein Verlass,
Herzen, die sich zu dir neigen
und dir Freundschaftstreue geigen,
stimmen ihre Herzenssaiten
vielleicht schon bald auf Anti-Bass.

Jesus ändert nie sein Wesen,
auch Gottes Vaterherz bleibt gleich,
niemals wird sein Wort verwesen,
dies lässt Zagende genesen.
Wankt selbst, was einst fest gewesen,
besteht doch ewiglich sein Reich.

Zwiegespräch mit Gott

Weißt du, dass jeder Lebenstag
aus Gottes Händen fließt?
Weißt du, dass jeden Atemzug
die Gnade still umschließt?
Herz, leg des Leibes Nöte jetzt,
das Bangen deiner Seel'
an's ewig weise Vaterherz
ihm alles anbefehl!

In Zeiten der Krankheit

Herr,
die Beschwerden kommen mir
gerade jetzt bei der vielen Arbeit
ganz ungelegen,
ich habe keine Zeit krank zu sein.

Mein Kind,
ich habe dir eine Ruhepause gegeben,
damit du Zeit hast zur inneren
Sammlung und Ruhe, dein Herz zu mir
zu kehren.

Herr,
ich gedachte deiner oftmals auch in
gesunden Tagen.

Mein Kind,
siehe, die Stille benötigt deine Seele,
um meine Stimme zu vernehmen.
Prüfe dein Leben
und erneuere deinen Sinn,
dann will ich dir alle deine Sünden
vergeben.

Herr,
ich habe viel Unrecht erlitten,
das mir meine Mitmenschen zufügten.

Mein Kind,
vergib ihnen von Herzen
und übe dich darin, alles wegzulegen,
so wird ein tiefer Friede deine Seele
erfüllen.

Herr,
hast du mich erkranken lassen,
weil ich nicht immer so gehandelt habe,
wie ein wahrer Jünger Jesu handeln sollte?

Mein Kind,
ich bin ein liebender Gott.
Trachte danach, mit mir lebendige,
dauernde Gemeinschaft zu pflegen,
dann werden deine Krankheitstage
für dich zum bleibenden Segen werden.

Herr,
ich bete dich in Ehrfurcht an
und bitte dich in kindlicher Einfalt,
mich bald wieder genesen zu lassen.
Ich will deine Nähe suchen,
dein Wort lesen und daraus schöpfen,
um gestärkt am inneren Menschen
den Lebenskampf wieder aufnehmen zu
können.

Mein Kind,
sei fröhlich und unverzagt,
ich bin bei dir,
ich will dich erretten
und du sollst meiner Wohltaten
gedenken und mich preisen.

Vor einer Operation

Herr,
nun liege ich hier im Krankenhaus
und meine Seele ist voller Angst und
banger Fragen.
Ich fühle mich so verlassen,
erbarme dich meiner!

Mein Kind,
ich bin alle Tage bei dir,
besonders in diesen schweren Tagen.

Herr,
ob die Operation gelingen wird?

Mein Kind,
lege alles vertrauend in meine Hände,
denn ich kann die Herzen und Gedanken
der Ärzte wie Wasserbäche lenken
und ihre Hände führen.

Herr,
ich fürchte mich vor den Schmerzen,
die vielleicht nach der Operation
auftreten.

Mein Kind,
ich bin ein barmherziger Gott
und lasse meine Gnade walten über
denen, die mich lieben.

Herr,
wenn ich aber sterben müsste?
Ich fürchte mich vor dem Tod,
vor dir,
vor der Ewigkeit.
Meine Sünden, meine Unvollkommenheit
klagen mich an.
Ich bin darüber betrübt.

Mein Kind,
ich habe für dich,
für deine Sünden und
Unvollkommenheiten mein Blut
vergossen.
Wer zu mir kommt, den werde ich nicht
hinausstoßen.

Herr,
vergib mir, wasche meine Seele rein mit
deinem Blut.
Ich schenke dir mein Herz und Leben,
nimm mich als dein Kind an.

Mein Kind,
ich werfe alle deine Sünden ins Meer,
wo es am tiefesten ist,
und werde ihrer nicht mehr gedenken.
Ich ziehe dir das Kleid der Gerechtigkeit
an, das ich mit meinem Blut erkaufte.
Fürchte dich nicht,
ich habe dich erlöst,
ich habe dich bei deinem Namen
gerufen, du bist mein.

Herr,
habe Dank für den Frieden,
den du mir geschenkt hast.
Ich lege mich jetzt vertrauend in deine
allmächtigen Hände.

Es kann nicht dunkel bleiben,
bei dem, der Gott gehört,
er wird die Nacht vertreiben
und was da schmerzt und stört.

Nach einer Operation

Herr,
ich danke dir,
dass du mich wieder erwachen ließest.
Tröste mich mit deiner Hilfe,
du Gott allen Trostes.

Mein Kind,
ich will dich trösten
wie einen seine Mutter tröstet.
Ich will dir meine Hilfe nicht versagen.

Herr,
ich bin so elend
und meine Seele ist bedrückt.

Mein Kind,
erhebe deine Augen zu mir,
dann wirst du erquickt.
Ich bin dein Bruder, dein Freund.
Ich habe für dich gelitten,
ich fühle mit dir.
Mir ist alle Gewalt gegeben
im Himmel und auf Erden.
Meine Hände umgeben dich,

meine Gegenwart soll mit dir gehn
und ich will dir Ruhe geben.

Herr,
wenn du mich wieder gesund machst,
dann will ich dir dienen,
indem ich dir und deinem Willen
den ersten Platz in meinem Leben
einräume.

Mein Kind,
mache keine Versprechungen,
die du vielleicht nicht halten kannst,
sondern schenke mir nur dein Herz,
betrachte täglich mein Wesen
und tritt in meine Fußstapfen.
Ich gehe voran,
folge mir nach.
Alles andere wirke ich in dir.

Ja, Herr,
das will ich tun.
Aber mein Krankheitsverlauf macht mir
bange Sorgen.

Mein Kind,
wirf täglich alle deine Sorgen,

dein Bangen,
deine Nöte auf mich,
denn ich sorge mit ewiger Weisheit für dich.
Ich führe dich auf der richtigen Lebensstraße um meines Namens willen.
Ich bin der Herr, dein Arzt.

Jesus, deine Marterstunden

Jesus, deine Marterstunden,
deine tiefen, heil'gen Wunden,
aller Spott und aller Hohn,
deine spitze Dornenkron'
hast du still für uns erduldet,
Herr, wir haben's mitverschuldet!
Dass du solche Pein gelitten,
siegend durch den Tod geschritten,
das hat deine Lieb' getan,
Gottessohn, ich bet' dich an!

Ein bisschen trösten …

Ein bisschen trösten Blumen,
die blühen hier vor dir,
ein bisschen tröstet Liebe,
die Menschen schenken dir.
Ein bisschen, nur ein wenig,
so tröstet Ird'sches dich,
doch völlig tröstet Ew'ges,
der Gott des Trostes dich.

Ja, völlig tröstet dieses,
wenn deine schwere Zeit
so ausweglos geworden:
Gott macht den Weg bereit!
In Schmerzen und in Tränen
ist Jesus dir ganz nah,
hat er doch auch gelitten
für dich auf Golgatha.

Das Blut des Gottessohnes
wäscht rein, bringt Frieden dir,
hör', wie er ruft vom Kreuze:
„Kind, gib dein Herze mir!
In Schmerzen und in Tränen
bin ich dir tröstend nah,
hab' ich doch auch gelitten,
für dich auf Golgatha."

Herausgerufen

Herausgerufen durch das Leid
wurd'st du vom ew'gen Schöpfer,
damit dein Sinn und deine Zeit,
geformt wird von dem Töpfer.

Herausgerufen durch das Leid
um Ird'sches neu zu sehen
und zwar im Licht der Ewigkeit,
der wir entgegengehen.

Bei Schmerzen

Herr,
ich bin so verzweifelt.
Hast du mich verlassen?

Mein Kind,
ich will dich nicht verlassen
noch versäumen.

Herr,
warum muss gerade ich so leiden,
obwohl ich alle Unzulänglichkeiten längst
bereut und zu deinen Füßen gelegt habe?
Hast du mir nicht vergeben?
Ich habe doch auch viel Gutes in meinem
Leben getan.
Hast du das vergessen?

Mein Kind,
ich habe dir vergeben,
ich habe dich je und je geliebt
und aus lauter Gnade zu mir gezogen.
Alles, was du einem meiner geringsten
Brüder an Gutem erwiesen hast,
das hast du mir getan.

Jeder Becher Wasser,
den du einem Durstenden gereicht hast,
den hast du mir gereicht.

Herr,
andere Menschen sind doch auch Sünder,
und sie sind gesund,
ich aber muss so schwer leiden.

Mein Kind,
ich liebe dich,
ich will dich läutern wie Gold!
Ich will deine Schlacken ausschmelzen.

Herr,
ich bin durch meine lange Krankheit,
meine Schmerzen
doch wirklich geläutert worden,
im Gegenteil ganz zerbrochen.

Mein Kind,
ich liebe dich.
Harre aus,
so will ich dir die Krone des Lebens
geben. Ich helfe dir tragen,
ich stärke dich,
ich erhalte dich durch die Hand meiner

Gerechtigkeit.
Ich will dich zum Segen setzen für viele.

Herr,
die Schmerzen sind so schwer zu ertragen!

Mein Kind,
die Leiden dieser Zeit sind nicht wert,
dass sie verglichen werden mit der
ewigen Herrlichkeit,
die auf dich einst wartet.

Herr,
ich kann nicht mehr beten,
so sehr leidet meine Seele unter diesen
Schmerzen,
ich fühle auch nicht mehr deine
Gegenwart.

Mein Kind,
ich weiß um alle deine Leiden,
ich kenne dein Herz und weiß,
wie du es meinst.
Sei getrost! Ich bin bei dir!
Fürchte dich nicht, glaube nur.
Ich lasse es nicht zu,
dass du über dein Vermögen geprüft

wirst, sondern ich schaffe der Versuchung ein solches Ende,
dass du sie ertragen kannst.

Beten

Selig, wer das Beten je gelernt, gekannt,
Saatgut für die Herrlichkeit streut er aus,
Lichter stellt er auf am Wegesrand,
mancher findet so zum Vaterhaus.

Beten heißt ein Segenskanal werden,
aus dem Heiligtum der Zufluss quillt,
der dem müden Pilger hier auf Erden,
manchen Schmerz und Jammer stillt.

Beten, an der Heimatglocke ziehen,
dass die Himmelspforten öffnen sich,
allem Elend, Erdenkram entfliehen,
Erquickung neiget in die Seele sich.

Beten, eine Friedensbrücke schlagen
aus der Zeit zur stillen Ewigkeit,
die Gebetsanliegen heimwärts tragen,
zurück kommt Trost und Hilf', Sieg und Freud'.

In langer schwerer Krankheit

Herr,
ich kann das Wort „Geduld“ nicht mehr
hören.

Mein Kind,
ich habe es zugelassen,
dass dir eine schwere Last aufgelegt
wurde, aber ich helfe dir, sie zu tragen.

Ach Herr,
die Krankheit zeigt kein Ende,
sie ist sinnlos lange geworden.

Mein Kind,
ich bin ein Gott der Ewigkeit
und rechne mit anderen Maßstäben
als dein kleiner, erdgebundener
Menschenverstand. Deine Zeit liegt in
meinen Händen.
Sei getrost und unverzagt.
Wo für dich die Sinnlosigkeit beginnt,
genau an diesem Punkt tritt mein
unvergleichlich sinnvoller Plan in Kraft,
den meine ewige Weisheit

in Liebe erdacht hat
und der frei ist von jedem Fehler.

Herr,
ich kann deine Weisheit
und deine Gedanken nie ganz verstehen.

Mein Kind,
darum vertraue mir
und wirf dein Vertrauen nicht weg,
weil es eine große Belohnung hat.

Herr,
ich will dir danken,
dass du mich wieder getröstet hast.
Ich danke dir für deine Geduld mit mir,
für alles Gute,
das du mir während meiner Krankheit
fortwährend schenkst.
Ich danke dir für alle menschliche Hilfe,
für jede kleine Erleichterung,
für alle Liebe, die ich empfangen darf.

Das Verwesliche wird Unverwesliches anziehen

Sei getrost, Kind des Tränentals,
im Angesicht der Herrlichkeit
verblasst das bitt're Erdenleid.
Des weisen Schöpfers milde Hand
hat stets nur solche Form gebrannt,
die lieblichste Gefäße gibt
und die er ewiglich dann liebt.

Sei getrost, Kind des Tränentals,
dem Schmerz, dem Leid, der Trübsalszeit
folgt überschwänglich Herrlichkeit.
Auch du bist solch ein ird'ner Krug,
der fein geformt wird durch den Druck,
bis des Leibes arme Hülle
eingeht in des Lichtes Fülle.

Sei getrost, Kind des Tränentals,
die nichtige Verweslichkeit
wird anziehen dann Ewigkeit.
Des Lebens Sieg wirkt wunderbar,
er wird nun gänzlich offenbar,
Jesus, das Lamm auf Golgatha
hat dies vollbracht, Halleluja.

Zitate für schwere Tage

Wenn ein Leidträger zum Lichtträger wird, dann hat er Gottes Liebe erkannt.

Gott will, dass das Leid in uns ein Heimweh nach den ewigen Stätten weckt.

Das Leid ist ein großer Lehrmeister.

Wir können Gottes Willen
annehmen oder ablehnen,
aber begreifen können wir ihn oftmals
schwer oder gar nicht.

Wir sehen die Sorgen von unten,
aber Gott sieht sie von oben,
darum sind sie für ihn so klein.

Gott ist mächtiger als der Berg
unserer Sorgen.

Jesus Christus ist eine Leuchte,
die niemals erlischt.

Die Erkenntnis des Vergänglichen
erquickt den Glaubenden,
tröstet den Leidenden und weckt den
Gleichgültigen aus seinem Schlaf.

Der Glaube im Alltag gleicht einem Schiff
auf tobender See.

Nur ein Atemzug trennt uns von der
Ewigkeit.

Das Leid presst den gesamten Saft aus der
Seele, den bitteren zum Reifen, den süßen,
um andere Leidträger zu erquicken.

Die Realität der Ewigkeit ist
ein Anker im Leid und ein
Wegweiser auf falschem Pfad.

Das Leid ist eine Laterne, die unseren Weg
mit Ewigkeitssinn beleuchtet.

Wahrer Trost im Leid ist das Wissen,
dass Gottes liebende Hand zum Ziel führt.

Wenn der Gerechte weint,
zählen Engel seine Tränen.

Gott ist nicht durch Diskussionen
erfassbar, sondern allein durch Glauben.

Gott ist größer als wir ahnen.

Worte sind eine Art Samenkörner,
für sie gibt es keine irdischen Grenzen.

Das Erdenleben ist Saat, die Ewigkeit
sammelt die Ernte; was hast du gesät?

Es gibt für den Gläubigen nur eine Hoffnung, deren Realität nicht zerstört werden kann: das ewige Leben.

Der Glaube entzündet Lichter am Wegesrand und erleichtert die Lasten auf unserem Rücken.

Der Glaube ist ein lohnendes Wagnis.

Der Friede Gottes im Herzen ist ein winziges Teilchen des ewigen Lebens.

Das Wesen des Ewigen ist Gerechtigkeit und Liebe, auch wenn wir sein Handeln oft nicht verstehen.

Gottes Möglichkeiten sind unbegrenzt.

Das menschliche Leben ist eine unausweichliche Wanderung zur Ewigkeit.

Gott allein vermag in Christus alles
Sehnen, alle Ängste, allen Schmerz
unseres Herzens zu stillen.

Gott ist weder altmodisch noch modern,
sondern ewig.

Glückliche und schwere Stunden sind der
Vergänglichkeit geweiht.

Das ist das Größte im Leben:
Unrecht vergeben.

Der Heimgang des Christen ist Eingang in
die unendliche Herrlichkeit Jesu Christi.

Der Sonnenaufgang birgt irdische
Herrlichkeit in sich,
die Auferstehung Jesu ewige.

Ausblick

Sehr begrenzt ist unser Leben,
alles Kämpfen, Tun und Streben.
Die Zeit eilt wie im Flug dahin,
nur eines bleibt: des Lebens Sinn.
Er ist das Ziel der Endlichkeit,
die Heimat in der Ewigkeit,
wo das Schwere ist verschwunden,
Frieden herrscht durch Jesu Wunden.
Tränen werden sanft gestillt,
Gottes Verheißung sich erfüllt.